LE TAROT DE LA SORCIÈRE

Le Tarot de la Sorcière

et de la Roue de l'Année

Livret et illustrations :
Bérengère Demoncy

SOMMAIRE

Le Tarot

Intuition, divination, curiosité, besoin de se connecter à quelque chose de supérieur, toutes les raisons qui nous poussent à tirer les cartes sont valables. Le tarot a cela de magique qu'il répondra à votre demande. Les cartes s'adaptent toujours à nos attentes.

Votre demande est-elle légitime ? Oui. Si vous tirez les cartes pour vous amuser, vous aurez du mal à lire un propos dans une image unique, mais vous vous amuserez. Si vous cherchez à aller plus loin, commencer un travail introspectif ou divinatoire, vos cartes deviendront votre alphabet.

Le tarot se compose de 78 arcanes (cartes, également appelées lames) :

- 22 arcanes majeurs numérotés de 0 à 21,
- 56 arcanes mineurs divisés en 4 suites (ou couleurs) nommées traditionnellement Épées, Coupes, Bâtons et Deniers. Elles sont numérotées de 1 à 10 et comportent 4 personnages de la cour : Valet, Reine, Roi et Cavalier.

Les arcanes majeurs font référence aux grands mouvements de vie et d'intentions, alors que les mineurs représentent chacun des aspects concrets de l'existence :

- Le mental (intellect et spiritualité) pour les épées,
- Les émotions pour les coupes,
- La créativité et la sexualité pour les bâtons,
- Le matériel (corps, argent, travail) pour les deniers.

Dans Le Tarot de la sorcière, les quatre suites sont remplacées par leur élément référent : respectivement l'Air, l'Eau, le Feu et la Terre (voir : « Pourquoi le Tarot de la sorcière ? »). Dans tout tarot, les Épées correspondent à l'élément Air, les Coupes à l'élément Eau, les Bâtons à l'élément Feu et les Deniers à l'élément Terre.

Le tarot que je vous propose s'inspire de deux traditions distinctes : le tarot de Marseille, et le tarot Rider Waite Smith. Dans ma lecture, je mélange les deux traditions pour créer la mienne. Et c'est en suivant ce schéma personnel que j'ai créé le Tarot de la sorcière.
Le livret que je vous propose ici est donc totalement imprégné de ce croisement et de ma propre tradition. Cependant, le Tarot de la sorcière peut tout à fait s'utiliser en tarot de Marseille, en Rider Waite, ou s'appliquer à votre tradition personnelle, si vous en avez une aussi. Une autre magie du tarot est que l'on peut se l'approprier, parfois jusqu'à l'extrême.

En quoi cela va-t-il influencer ce tarot :

Ce que vous retrouverez de la tradition Rider Waite :

- Les représentations seront très illustrées et faciles à interpréter, même pour les arcanes mineurs.
- La signification des arcanes mineurs sera très ancrée dans le réel, le concret.

Ce que vous retrouverez de la tradition du tarot de Marseille :

- Le Cavalier est positionné après le Roi, comme suggéré dans *La Voie du tarot* d'Alejandro Jodorowsky, qui implique que le Cavalier est un messager du roi, et donc se dirige vers la suite suivante.
- La numérologie conserve les implications passif / actif (voir partie « numérologie »).
- Les noms, numérotations et représentations suivent la tradition de Marseille.

Les interprétations des cartes peuvent changer de votre tarot habituel, si vous en avez un.

Pourquoi le tarot de la sorcière ?

J'ai créé ce tarot autour de la roue de l'année, inspiré d'une spiritualité saisonnière païenne. Le tarot est donc articulé autour des saisons et des fêtes, des sabbats qui les rythment. Il est plus largement construit comme s'il participait à part entière à la conceptualisation de rituels autour des quatre éléments, Air, Eau, Feu et Terre. Les arcanes majeurs reprennent ces grands mouvements de la roue de l'année et les figures d'une certaine spiritualité païenne.

Les arcanes mineurs sont comme des outils qui servent les majeurs. Y sont représenté.e.s sabbats, saisons, cycles lunaires, figures sacrées, constellations, planètes, cristaux, plantes. Chaque élément a une force qui lui est propre, mais ensemble, les cartes revêtent une symbolique différente. Chaque suite comporte :

- Un élément
- Un moment de la journée
- Un sens
- Une phase lunaire

- Une bougie
- Un cristal
- Une herbe
- Une fleur
- Un outil magique
- Une planète
- Un encens
- Un animal
- Une allégorie
- Des constellations

Ce tarot a été créé dans ce sens afin que chacun.e s'y connecte à sa manière, l'utilise de façon intimement personnelle, dans un tirage, mais aussi en insufflant une intention spéciale à une carte importante, voire en l'utilisant comme autel de poche.

Je vous invite à en découvrir les subtilités par vous-même, à l'investir de vos propres intentions, sentiments, de vos propres messages et intuitions.

Bien entendu, ce travail particulier sur le Tarot de la sorcière ne change en rien les significations traditionnelles des arcanes majeurs ou mineurs. Il est simplement créé avec plusieurs niveaux de lecture. Je vous encourage à y ajouter le vôtre.

LIRE LE TAROT

J'AI TENDANCE À VOIR LE TAROT comme un alphabet. Les lettres se ressemblent toutes, pourtant, en les assemblant, on peut y lire une multitude de langues qui n'ont rien à voir les unes avec les autres. Trouvez votre langue à travers les cartes de votre tarot.
La signification des cartes est comme une boussole pour définir votre langage. Elle peut, au départ, faire l'objet d'une interprétation collée au livret, puis, avec l'expérience et les tirages successifs, s'accorder à votre esprit, votre imaginaire, votre vécu et votre manière de penser, comme on adapterait un roman au lieu de le traduire littéralement.

L'intérêt de la tradition Rider Waite Smith dont je m'inspire est l'illustration des lames. Chaque dessin, chaque figure vous raconte une histoire pour vous mettre sur la piste de la signification de la carte sans avoir nécessairement à apprendre la signification de chaque arcane. Chacune de ces histoires est racontée dans ce livret. Il est possible que vous vous racontiez vos propres histoires à travers ces images. Cela voudra dire que vous vous approprierez votre tarot. Vous découvrirez ci-dessous un petit texte descriptif pour chaque carte.

COMMENT UTILISER LES DESCRIPTIFS ?

LES MOTS CLÉS

Chaque arcane majeur et mineur a une interprétation qui relève d'une tradition précise : c'est ce que je vous indiquerai dans les mots clés. Comme je l'ai dit, les cartes sont comme un alphabet. Même si l'histoire de chaque arcane peut vous aider à la comprendre, ses mots clés sont un bon matériel de base pour les interpréter. Vous retrouverez ces mots clés d'un jeu à l'autre. Ils seront utiles à votre apprentissage si vous débutez dans la lecture du tarot.

L'HISTOIRE DE LA CARTE

Le texte qui suit les mots clés vous raconte « l'histoire » de la carte : ce qu'elle représente, où elle se place dans la thématique, comment en comprendre les symboles. Elle affine aussi ses éléments d'interprétation (ce qui peut être utile pour des cartes complexes).
Une partie des symboles est laissée à votre propre interprétation, afin de renforcer votre intuition. Faites-lui confiance.

L'ENVERS

Pourquoi des mots clés « envers » ? Le tarot peut prendre en compte le fait de tirer les cartes à l'endroit et à l'envers.

On considère en général que leur signification est inversée.

Voici un exemple simple : l'As de Feu peut représenter un nouveau projet créatif. Tiré à l'envers, on pourra en conclure qu'il y a un blocage créatif, un retard dans un projet ou une opportunité manquée.

L'envers n'est pas pour autant négatif : certaines cartes n'ont pas une signification positive. En ce cas, l'envers pourra être un message d'espoir.

Pourquoi « envers » et pas « à l'envers » ou « négatif » ? Déjà parce que prendre en compte les cartes à l'envers n'est pas obligatoire. Cela peut ajouter une difficulté dans l'interprétation des cartes lorsqu'on débute (en ce cas, retournez vos cartes au fur et à mesure du tirage pour qu'elles se présentent toutes dans leur sens de lecture). On les interprétera en fonction de la question posée : parfois, notre intuition nous dit que l'inversion d'interprétation est celle qui correspond au tirage. Ensuite, parce que, comme dit plus haut, ce n'est pas parce qu'une carte est inversée que son interprétation est négative.
Libre à vous de tenir compte, ou non, des cartes qui ne se présentent pas dans le sens de lecture.
J'aborderai un peu plus loin, dans la partie « tirages », l'intérêt de prendre en compte l'envers dans un tirage.

La Numérologie

La numérologie du tarot a autant d'importance que chaque élément de chaque lame : leur chiffre ou leur numéro vous raconte quelque chose. Cela peut aider à comprendre une carte qui parfois ne semble pas avoir sa place dans un tirage.

Les chiffres/nombres pairs : les pairs sont passifs. Donc ils s'ancrent dans une forme d'immobilisme : repos, attente, réflexion, passé, blocages.

Les chiffres/nombres impair : les impairs sont en mouvement ; ils vont vers l'avant, parfois de façon instable, parfois pour passer à autre chose.

Plus en détail :

- 1 : tout est possible
- 2 : duo, relation constructive ou non
- 3 : mouvement incertain, « adolescent », enthousiaste, voire destructeur
- 4 : stabilité
- 5 : pas de travers
- 6 : retour de stabilité, temps pour se sentir bien
- 7 : doute
- 8 : perfection, échéance, arriver au terme
- 9 : regarder plus loin, passer à autre chose
- 10 : être prêt pour la suite, prise de décision
- Valet : hésitation
- Reine : ancrée dans son élément
- Roi : confiance, aboutissement
- Cavalier : message, passer à la suite

Signification des cartes

Les Arcanes majeurs

LE MÂT

Sorcière entamant son chemin spirituel

MOTS CLÉS voyage, évolution, détachement, exploration, marginalité, cheminement, fragilité, liberté

LE MÂT EST ICI REPRÉSENTÉ COMME le point de départ du cheminement de la sorcière. Qui est-elle ? Celle qui entame son chemin spirituel et enfourche ou franchit pour la première fois le balai, celle qui trace sa route, entamée depuis bien longtemps déjà ? Ce qui est certain, c'est qu'elle est en mouvement, et qu'elle a encore de nombreuses choses à explorer et découvrir. Elle a choisi d'être sorcière et d'être en marge, de se définir ainsi. En le faisant, elle sait qu'elle aura à lutter contre les idées reçues, et aussi que sa voie sera faite de magie, d'émerveillements, et parfois d'erreurs qui la feront grandir. Ses symboles l'accompagnent : les quatre éléments, son balai, son chat noir, son mortier et son pilon pour ses potions, à moins qu'ils ne soient l'héritage d'une Baba Yaga. Elle est le Mât, elle s'apprête à visiter les arcanes majeurs de ce tarot, avec l'innocence du début de l'aventure, ou l'excitation de la renouveler, à son rythme, à sa manière. Elle est unique..

Mots clés traditionnels : voyage, recherche, étrangeté, force de libération, chaos, folie, détachement, dénué de jugement.

LE MAT

I
LE BATELEUR

I LE BATELEUR

Printemps

MOTS CLÉS **départ, outils, potentiel, compétences**

LE BATELEUR PRÉPARE UN AUTEL pour le printemps, saison des commencements, du potentiel de la nature en floraison, de la préparation. Tout est à disposition pour débuter : outils magiques, et compétences de la sorcière. Il faut désormais élaborer le rituel, laisser place au bourgeonnement. On retrouve les éléments Air, Eau, Feu et Terre sur l'autel avec l'encens, la coupe, le chaudron et les herbes, ainsi que les symboles de la saison : cerisiers en fleurs, pivoines, potentille, reine des prés, marguerites, premières roses tremières et coquelicots, autant d'émissaires du printemps.

Le Bateleur exprime un potentiel, prépare ses outils, est dans l'action, la préparation, l'idée d'une œuvre, d'un travail concret à effectuer. Personnage de potentialité, il peut parfois donner dans l'esbroufe et l'illusion magique.

Mots clés traditionnels : astuce, commencement, habileté, jeunesse, potentialité, concrétiser, disciple, talent, tricheur, malice

II LA PAPESSE

Grimoire

MOTS CLÉS **observation, étude, passivité, intuition, secret**

LA PAPESSE DÉTIENT LES SECRETS d'une étude approfondie dont elle a tout à vous apprendre. Que contient son livre ? Pourquoi souhaite-elle garder le sceau du secret ? Seules ses mains apparaissent, comme pour mieux dissimuler son identité, sa teneur. Il est ici un mystère à découvrir, de nombreuses choses à apprendre. L'important est ce qui est dit ou écrit, pas qui le dit ou l'écrit. La papesse représente un temps passif, un temps consacré. Ses mains représentent le lien entre le visible et l'invisible, comme faisant appel à l'intuition pour deviner ce qui est caché. Cette carte appelle à écouter cette intuition, cet intangible, à prendre le temps d'apprendre ce qui doit être appris.

Mots clés traditionnels : foi, connaissance, patience, pureté, solitude, silence, rigueur, gestation, virginité, froid, résignation

II
LA PAPESSE

L'IMPÉRATRICE
III

III L'IMPÉRATRICE

Beltane

MOTS CLÉS **élaboration mentale, conception, créativité**

L'IMPÉRATRICE DANSE POUR LE sabbat de Beltane. C'est le printemps, les cœurs s'amusent, chacun apporte sa couleur autour du mât de mai. Une seule de ces femmes est l'Impératrice, mais le petit peuple est le symbole de la richesse intérieure de toutes, aussi variées qu'enthousiastes. Elle évolue, éclatante et portant la vie, au sein des symboles fleurissants d'un printemps prometteur, ceux de Beltane et de la fête : violettes, soucis, boutons d'or, chêne, sureau, sorbier, noisetier, aubépine, bouleau, genévrier et pin. Le voile entre les Mondes est fin à Beltane, il laisse la porte ouverte à l'intuition, l'inspiration, la créativité, le désir de vie, d'envies. L'Impératrice pousse à créer, à élaborer mentalement. Elle est source de motivation, de cette impulsion passionnée qui vient du ventre. Elle est votre jeunesse flamboyante.

Mots clés traditionnels : fécondité, créativité, apprentissage, séduction, désir, pouvoir, enthousiasme, nature, élégance, abondance, moisson, beauté, éclosion, éclatement créatif

IIII L'EMPEREUR

Litha

MOTS CLÉS

concrétisation, solidification, en chantier, confiance, sagesse

L'EMPEREUR EST UNE CARTE DE MISE EN chantier. Il concrétise ce qui s'est créé dans le ventre de l'Impératrice. Son mouvement déterminé vers l'avant symbolise la concrétisation de vos idées, de votre créativité. Il est aussi une carte de pouvoir, solaire et bienveillante, voire paternaliste selon votre interprétation !

Ici, l'Empereur représente le soleil à son apogée. À Litha, au solstice d'été, on fête le début des récoltes, et le jour le plus long de l'année. Le Soleil devient le père bienveillant qui nous réchauffe, nous protège et nous permet de manger pendant son absence les longs mois d'hiver. Ici, on le voit entouré de multiples symboles qui le représentent dans de nombreuses cultures : la fleur à quatre pétales de Kinich Ahau, les rayons d'Amaterasu, le serpent de Rê, l'idéogramme de Shamash, entre autres. Confiance, protection, motivation, sont les sentiments qui accompagnent cette lame solaire et puissante.

Mots clés traditionnels : stabilité, domination, pouvoir, responsabilité, rationalisme, solidité, ordre, puissance, père, maîtrise du monde matériel

IIII
L'EMPEREUR

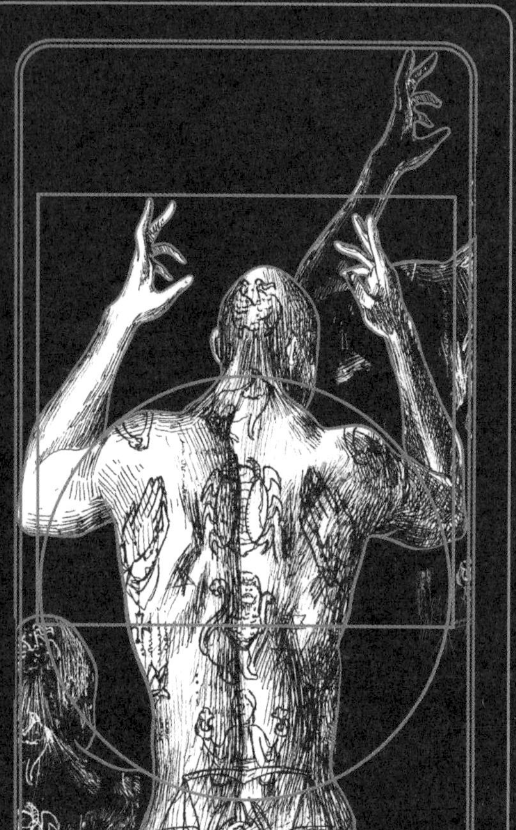
V
LE PAPE

V

LE PAPE

Masculin sacré

MOTS CLÉS **approfondissement, valeurs, orientation**

LE PAPE, CARTE D'ORIENTATION, DE valeurs, est également le pendant masculin de la spiritualité fonctionnant en dualité et complémentarité masculine et féminine, qui se mêlent sans cesse dans ce que la nature nous donne. Il est représenté ici par le masculin sacré. Tendant vers le ciel, il évolue et vous oriente, ou vous pousse à trouver le chemin qui est le vôtre, en accord avec vos valeurs. Le masculin sacré est multiple, il a de nombreuses facettes et vous incite à explorer plus profondément des parties de votre vie ou de votre question qui sont sans doute un peu trop statiques. Il demande à être toujours aligné avec ses valeurs pour aller de l'avant.

Pont entre terre et ciel, le pape s'inscrit dans ce que la nature lui a donné de plus trivial, le corps, pour exprimer sa volonté et sa spiritualité, intangibles.

Mots clés traditionnels : sagesse, médiateur, foi, enseignement, spiritualité, guide, pouvoir, ascension spirituelle

VI L'AMOUREUX

Rhodocrosite, Grenat et Quartz rose

MOTS CLÉS **carrefour, choix, décisions, désirs**

LA CARTE DE L'AMOUREUX EST UNE carte de carrefour de vie, de prise de décisions, de choix. Elle montre le moment où l'on commence à imaginer ce qui nous plairait vraiment, à voir plus loin dans sa vie.

Ce moment est symbolisé par le lien entre la nouvelle lune, le départ, la nouveauté envisagée, et le soleil, la lumière, le ciel que l'on souhaite atteindre : on commence à voir plus haut, à viser ce que l'on aime, ce qui nous plaît. Les 3 cristaux représentent les 3 entités, à la fois semblables (dans leur caractérisation) et dissemblables (dans leur composition et leurs vertus) : chacun est un élément du chemin de vie entre nouvelle lune et soleil. Agréables ou difficiles, on les rencontre à un carrefour de son existence.

La rhodocrosite, en bas, est utilisée pour guérir de ses blessures sentimentales, retrouver l'harmonie entre le corps et l'esprit. Le grenat, au centre, met à distance les obstacles en travers de notre chemin, apporte la force de faire face aux

VI
L'AMOUREUX

problèmes. Le quartz rose, en haut, est la pierre de l'amour de soi, de la paix, de l'équilibre. Ils ouvrent la voie vers un amour, un désir, une envie pleinement réalisés.
Les chemins de vie sont symbolisés par les ramifications des branches d'orne, dont l'écorce est utilisée pour attirer l'amour et la protection. L'orne trace des parcours pluriels. Autant de possibilités que l'esprit peut imaginer, que la vie peut nous offrir. À nous de choisir.

Mots clés traditionnels : vie émotionnelle, union, cœur, choix, ambiguïté, trio, faire ce que l'on aime, suivre sa voie

VII LE CHARIOT

Été

MOTS CLÉS **progression, maîtrise, autonomie, indépendance**

LE CHARIOT EST LA LAME DE LA COURSE folle vers l'avant. Iel est puissant et possède l'énergie de la réussite, de ceux que rien ne peut arrêter. Comme l'été, le chariot

VII
LE CHARIOT

file et se laisse porter par les bienfaits de la nature en cette saison. Joyeux.se, insouciant.e, iel virevolte entre camomille, héliotrope, lavande, coquelicots, papillons, oiseaux et abeilles. Iel est composé de ce qui fait de cette saison une douce chaleur motivante, nous donnant l'impression que tout est sans fin : les journées, le temps, le soleil, l'énergie. Les journées courtes et la nuit sont loin encore. Seuls nous apparaissent notre progression, notre envie, le mouvement.

La carte du chariot peut également être celle qui écrase les autres, ne sait pas s'arrêter, est excessive. Elle peut marquer une forte indépendance dans ses actions, et une volonté à toute épreuve. Parfois le chariot fanfaronne, porté par ses atours enivrants, ou montre de lui-même une image qu'il maîtrise, et non la réalité de son être.

Mots clés traditionnels : action dans le Monde, amant.e, triomphe, aisance, conquête, dominer, guerrier, représentation, fanfaronner

VIII LA JUSTICE

Féminin sacré

MOTS CLÉS **normalisation, équilibre, règlement, loi**

LA JUSTICE APPELLE À L'ÉQUILIBRE, ou à le rétablir. Elle tranche et sépare ce qui doit être trié, appelle, par son asymétrie, à rendre les choses plus nettes, plus stables et donc, équilibrées.

La Justice est telle une balance, ici représentée par ses deux manches fleuries.

D'un côté camomille, marguerite, œillet d'Inde, primevère, millepertuis, héliotrope, campanule et potentille, douces, printanières, épanouies. De l'autre houx, lierre, châtaignes en bogues, if et ronces, piquantes, arides, épineuses qui représentent les difficultés rencontrées en hiver, dans le froid, le manque de ressources, et la nuit.

Ces deux amas sont quasiment symétriques, ils forment un équilibre, teinté de choix, de différences évidentes, de résultats différents. L'équilibre n'est pas toujours dans la lumière, ou dans la nuit, il se fait justement à la frontière de deux univers. La Justice n'incite pas à choisir l'un de ces deux côtés, mais à accepter les deux, à trouver ce juste milieu, à percevoir ce qui nous paraît compliqué comme ce qui compose en réalité la vie, dans son entière nature.

Elle est seule dans la nuit noire, car durant la nuit, rien n'est évident ni clair et le doute dévore chaque pensée et décision.
Son épée non plus n'est pas au centre de l'image, car elle invite à trancher, à trouver son juste milieu personnel et non à se conformer à la norme. Au sol, elle trace cette délimitation humaine, imparfaite. Votre choix.

La Justice pourra également évoquer le besoin de faire ou de se faire justice, la loi, l'État et l'administration. Cependant, il peut être intéressant, derrière cette évidence, de chercher ce qu'elle souhaite vous dire de plus.

Mots clés traditionnels : équilibre, perfection, trancher, valeur, jugement, perfection, tricher, autoriser, interdire, équilibrer

LA JUSTICE
VIII

VIIII
L'HERMITE

VIIII L'HERMITE

Bol tibétain

MOTS CLÉS **temps, recherche, solitude, mûrissement, remède**

LA CARTE DE L'HERMITE INVITE À LA méditation, à la prise de recul, ou à l'acceptation d'un immobilisme ou d'un blocage qui n'est pas de notre fait, que l'on subit. Car cette pause dans notre vie est faite pour mieux avancer ensuite, si l'on met à profit ce temps, pour discerner où se trouve la lumière qui va nous guider. Cela peut annoncer une période sombre, car on ne voit pas nécessairement tout de suite la lumière sur notre chemin.

Ce temps de méditation de l'Hermite, du moine, est représenté par le bol tibétain, outil de méditation, lien entre notre Monde physique et le Monde de l'indicible, de l'esprit. Ce lien est symbolisé par le son lancinant du bol, qui nous guide, nous permet de nous éloigner et de revenir à nous-même, comme un fil d'Ariane.

Les mains forment une gestuelle tournée vers la méditation (l'énergie circule entre le pouce et l'index) dans deux mudras de concentration, de réception : en bas, le Jnana Mudra

est tourné vers l'Univers, en haut, le Chin Mudra est tourné vers l'être intérieur. La méditation cherche le lien, cherche à former un tout, pendant ce temps entièrement consacré à être hors du monde.
Les deux parties de la carte sont symétriques : l'idée est de former un Tout entre Univers et Soi, de trouver sa propre lumière, son propre guide.
Tout cela se regroupe au centre de la carte, dans la fleur de vie, but ultime de ce moment de retrait du Monde.

Mots clés traditionnels : crise, passage, sagesse, lâcher prise, expérience, pauvreté, ascèse, éclairer, reculer, ancien, silence

X La Roue de la Fortune

Lughnasadh

Mots clés **mouvement, surprise, opportunité, chance**

La Roue de la Fortune est une carte énigmatique, au sens propre du terme, car elle apporte des questions, mais pas de réponse. Elle peut être le symbole d'une chance inattendue, d'une opportunité qui arrive à point nommé ou, tirée à l'envers ou selon l'ensemble du tirage, d'un revers de fortune. La Roue de la fortune est généralement porteuse de bonne nouvelle, mais aussi du changement qui arrive inexorablement, car rien n'est immuable, tout évolue toujours : le monde, les événements, les autres, nous, que ce soit physiquement ou mentalement. Ainsi, si la roue est solaire en temps de récoltes, ici ornée des symboles de Lughnasadh : blé, pommier, acacia, myrte, elle peut aussi nous signifier que les rayons du soleil sont les derniers avant les premiers frimas de l'automne, puis de l'hiver, temps plus rudes, porteurs d'épreuves. Elle indique qu'il est temps de profiter, de fêter, ou de se préparer à plus de rudesses.

Mots clés traditionnels : début ou fin d'un cycle, fortune, blocage, renouveau, énigme, solution, impermanence, mutation, éternel retour, lien cœur-corps-esprit, destin

X
LA ROUE DE LA FORTUNE

XI
LA FORCE

XI LA FORCE

Mabon

MOTS CLÉS

réalisation, domptage, énergie

LA FORCE A ACTIONNÉ LA ROUE DE LA fortune, et pris le pas sur l'inmaîtrisable. Elle est votre force intérieure, celle qui vous positionne dans votre propre estime, votre confiance en vous-même, pour dompter le monde qui vous entoure, dompter les événements qui paraissent pourtant si difficiles à franchir.

La Force est ici représentée par l'équinoxe d'automne, temps pour se renforcer face à l'hiver, fortifier son esprit face aux vicissitudes de la vie, tout en étant conscient de la richesse qui est la nôtre. Richesse extérieure : dernières récoltes, fruits d'automne, chrysanthème, vignes et abondance avant l'hiver. Mais aussi richesse intérieure : nos qualités, nos compétences, nos envies, désirs, projets pour l'avenir. Iels nous renforcent et nous permettent de projeter l'énergie nécessaire pour trouver notre place dans le Monde, notre propre importance, humble, vraie et lumineuse.

Mots clés traditionnels : nouvelle énergie, animalité, créativité, profondeur, puberté, action, sentir, force, communiquer

XII LE PENDU

Automne

MOTS CLÉS **immobilisation, abnégation, changement de point de vue, transcendance, prise de recul**

Le Pendu semble prisonnier, immobilisé par un élément extérieur, mais il n'en est rien. Le pendu est toujours immobilisé volontairement, ou du moins de façon à pouvoir se détacher lui-même. Ses liens, il les a créés pour s'obliger à s'arrêter, prendre une pause bienvenue à cet instant de sa vie, ou pour conserver cette position à l'envers du monde, pour changer de point de vue sur ce dernier. Le Pendu est souvent une invitation à élargir sa vision sur les choses, à changer d'angle de vue pour étudier un problème.

Il s'est posté ici en plein cœur de l'automne, symbole de sa décision d'une vie d'ascète, tourné vers son Monde intérieur, vers ce temps pour lui-même. L'automne n'est pas que feuilles mortes, il apporte également de belles choses à la nature et sur nos tables : des couleurs flamboyantes et des mets succulents. L'automne est comme le pendu : en transition, ouvert à ce que l'ascétisme et l'abondance ont à offrir de meilleur.

XII
LE PENDU

Il peut également représenter un temps en suspension, une pause, un moment de vie qui peut paraître long, mais peut être l'occasion d'explorer sa richesse intérieure, ou ce que l'on ne voit habituellement pas des richesses extérieures à notre portée.

Mots clés traditionnels : arrêt, méditation, don de soi, sacrifice, non choix, gestation, profondeur, renversé, attente, repos

XIII

Samhain

MOTS CLÉS **transformation brutale, élimination, deuil**

L'ARCANE SANS NOM EST UNE LAME de transformation brutale, sans limite, qui vise à faire table rase de ce qui existe déjà, à se débarrasser de ce qui est toxique dans notre vie. La carte, qui est parfois nommée « La Mort », n'est en réalité pas le fruit d'une entité extérieure, mais celui de votre propre réflexion, de votre propre suite de décisions de vie. Cette transformation fait sens à cet instant de l'existence, et peut être d'une brutalité telle qu'elle provoque des dommages collatéraux si aucune autre carte de votre tirage ne semble mettre un terme à cette élimination en règle.

Cet instant entre l'avant et l'après est mis en exergue par la fête de Samhain, pendant laquelle le voile entre les Mondes est le plus fin, où la mort se mêle à la vie. Les êtres de l'autre Monde viennent entraîner les vivants dans une sarabande dont iels ne ne connaissent pas l'issue.

La nuit commence à s'allonger, à dissimuler tout ce dont nous étions certains jusque-là, et à couvrir de son voile toutes nos certitudes.

Mots clés traditionnels : transformation profonde, révolution, mutation, changement, colère, nettoyage, moisson, élimination, destruction, rapidité

XIII

XIIII
TEMPÉRANCE

XIIII TEMPÉRANCE

Yule

MOTS CLÉS **renaissance, communication, alternance**

TEMPÉRANCE EST UNE CARTE DE MESURE, de communication, d'alternance, de vases communicants. Elle peut aussi représenter l'ange gardien, la protection bienveillante qui invite à la mesure, à la réflexion, à élever son esprit.

Tempérance, avec ses nombreuses bougies, lumières au cœur de la nuit, rassemble les correspondances à Yule. Le lierre protège le foyer. Le houx symbolise le renouveau avec la réapparition du soleil et les jours qui s'allongent. Le chardon béni appelle une purification du foyer, pendant que l'oliban apporte l'équilibre, en totale harmonie avec Tempérance.

Tempérance, sa lumière, son alternance, fait le lien entre Samhain, nuit des créatures venues de l'autre Monde, et l'arcane du Diable, qui représente un Monde essentiellement intérieur, caché. Iel est un pont, un chemin qui n'est pas à sens unique, qui permet les allers-retours, les rééquilibrages.

Iel peut inviter à explorer son ombre et sa lumière, peser le pour et le contre, écouter son intuition sans oublier la voix de la raison, pour ne citer que cela.

Yule est la journée la plus courte de l'année, le solstice d'hiver, journée de fête, celle où l'on célèbre le retour imminent du Soleil. En cela, Tempérance représente également tout l'espoir de cette journée la plus courte et de cette nuit la plus longue, et le chemin vers l'équinoxe, l'équilibre parfait. Elle est également signe de rassemblement avec ses proches, de présents, d'amour, de communication.

Mots clés traditionnels : ange gardien, protection, circulation, guérison, mélange, harmonie, bienveillance, prudence, équilibre

XV LE DIABLE

Chakras

MOTS CLÉS

plaisir, envoûtement, vitalité, créativité, sexualité, désirs profonds, ombres

LE DIABLE EST, DANS L'IMAGINAIRE collectif, rattaché à l'image du vice, du mal, à ce que l'on devrait cacher à l'intérieur de soi, qui est trop terrible pour être montré. Dans le tarot, le Diable est une carte bien plus nuancée et profonde que cela. Vous pouvez l'interpréter de façon prosaïque, mais vous passerez sans doute à côté de son essence.

Le Diable est le feu qui brûle à l'intérieur de l'humain, qui la.e motive intrinsèquement, et donc personnellement. Le Diable lui permet de se mettre en mouvement pour atteindre son but. Iel est la passion primitive, acharnée, qui relie le corps entier et donne un sens à son existence. En substance, iel représente ce que vous avez dans les tripes.

Le Diable n'est ni masculin, ni féminin, iel est tout à la fois, iel englobe tout ce qui compose votre être profond, au-delà du genre, de l'apparence, de la moralité, du vernis de l'éducation. Iel est votre être véritable, avec ses qualités et ses défauts, qui font sa personnalité.

Sur la carte, on la.e voit, parcouru des sept principaux chakras, qui permettent à l'énergie vitale du corps de circuler en un flux continu, de lui donner une existence, une unité énergétique. Cela montre aussi une forme d'imperfection, car bien que les chakras demandent à être équilibrés, la perfection étant divine, l'être humain ne peut y prétendre. L'équilibre est-il perfection ? Quel est votre équilibre ? Le Diable reflète l'expression brute de votre humanité.

L'arcane du Diable invite donc à remuer son ombre, sa part sombre, à explorer ses motivations profondes et à identifier son « feu intérieur ». Surtout s'il a été étouffé par des années de vécu et par la volonté de se conformer à un moule extérieur.

Mots clés traditionnels : forces inconscientes, passion, créativité, désir, tentation, enchaînement, profondeur, obscurité, peur, interdit, tabou, sensualité, pulsions

XV
LE DIABLE

XVI
LA MAISON DIEU

XVI LA MAISON DIEU

Hiver

MOTS CLÉS **propulsion, émergence, défi, déconstruction et reconstruction**

L'HIVER, LA NATURE SEMBLE MORTE, mais il n'en est rien : les perce-neige pointent leurs pétales parmi les flocons, les connifères conservent leur couleur verte, les arbres dorment avant de renaître, les animaux ne font qu'hiberner avant de rejoindre à nouveau l'extérieur et une vie pleine d'activité.

La Maison Dieu est à l'image de cette saison : elle semble attaquée, mais il en sort l'espoir et la motivation de construire du neuf.

Sur cette carte, la nature reprend ses droits au sein de l'hiver. Rien n'est jamais mort. Il faut parfois déconstruire pour mieux reconstruire. Il faut parfois relever le défi qui se présente et nous paraît pourtant impossible. La tour est bâtie sur un rocher qui en fait une place forte, mais les flammes qui l'assaillent proviennent d'un endroit inattendu, voire inconnu. Cela amène également à se poser la question de l'utilité de ses propres remparts, ou de ce que l'on a laissé entrer dans sa vie, de l'utilité de laisser faire, et de rebâtir ses fondations.

Il en ressortira de nouveaux événements joyeux, détonants, explosifs, surprenants. Donnez-vous une chance de reconstruire ce qui a été détruit. Il faut parfois détruire soi-même pour repartir sur des bases saines.

Mots clés traditionnels : émergence, délivrance, construction, joie, choc, débordement, effondrement, célébration, danse, expression divine, déblocage, éclatement

XVII L'ÉTOILE

Imbolc

MOTS CLÉS **protection, orientation, germination, puissance féminine**

L'ÉTOILE EST UNE CARTE QUI FAIT APPEL à notre intuition profonde, à l'étoile qui nous guide, à nos croyances qui nous font avancer. Elle est aussi une carte de construction intérieure, un signe qu'un projet s'enclenche : la femme sur la carte de l'Étoile commence à verser une coupe dans le flux de l'eau, mais retient le contenu de la seconde pour elle-même. De fait, elle se protège encore de

XVII L'ÉTOILE

ce pas dans le Monde en restant perchée sur la terre. Elle est à ce moment charnière entre l'intérieur et l'extérieur, la spiritualité et l'ancrage dans le Monde, la gestation de son idée, et sa mise en œuvre.
La carte de l'Étoile s'inspire du sabbat d'Imbolc : l'Étoile qui rayonne dans la nuit et irradie sur l'ensemble de la carte représente l'espoir engendré par le retour du soleil. La lumière commence à briller dans le noir.
Avec la purification de l'eau et l'action autour des coupes, on prépare l'avenir. On nettoie, on prend un bain pour se purifier. On fait le tri et on met de l'ordre dans ses projets.
La femme est entourée des symboles d'Imbolc qui viennent encourager son action de purification et de projets d'avenir : gui, bruyère, laurier, basilic, perce-neige et sorbier.
L'Étoile peut également être interprétée comme la puissance féminine, le pouvoir de la nuit, l'espoir au bout du chemin. Elle est votre bonne étoile qui vous guide dans la vie et vous protège avec bienveillance.

Mots clés traditionnels : agir dans le monde, trouver sa place, sacraliser, fécondité, inspiration, féminité, bonne étoile, cosmique, fluide

XVIII LA LUNE

Ostara

MOTS CLÉS

gestation, illusion, psychologie / partie cachée, imagination, obscurité

LA CARTE DE LA LUNE PEUT REVÊTIR DE nombreuses significations selon votre tirage. Ici, la phase de l'astre n'est pas définie, elle est symbolique, multiple, montrée dans plusieurs moments de son cycle : la Lune est toujours le signe d'une évolution, du changement, du fait que rien n'est immuable ni ce qu'il paraît être, car on ne sait jamais ce qui est dissimulé sur sa face cachée ni dans l'ombre de la Terre. La nuit camoufle tout ce qui s'y déroule, rendant les choses mystérieuses, intenses, parfois aussi folles, étonnantes et spectaculaires qu'un rêve. Où est l'illusion ? Où est la réalité ? Qu'est-ce qui est caché dans la psyché profonde dans laquelle vous ne vous aventurez jamais ? La Lune peut inviter à explorer ou révéler les réponses à ces nombreuses questions.

Le personnage à moitié immergé est comme l'inconscient qui émerge, sans pour autant être tout à fait avec nous. Il est passif, son regard n'est pas pointé sur nous. Il existe, simplement, et il se montre, parfois volontairement, à nous. Sous l'eau, des zones d'ombres subsistent.

Qu'est-ce qui provoque les bulles, les feuilles, et les fleurs sur la surface apparemment paisible de l'eau ? Ce que vous voyez est-il la réalité, ou le reflet de la réalité ?

Les lapins et les œufs d'Ostara, dissimulés dans les jonquilles, les lys et les violettes nous rappellent que cette carte est aussi celle de la fertilité, de la gestation, de ce qui grandit en nous sans encore se montrer. L'abondance pointe son nez mais ne se révèle pas encore.

La Lune peut être une de ces choses, ou toutes à la fois. C'est une carte de mystère.

Mots clés traditionnels : puissance féminine, nuit, intuition, rêve, mystère, attraction, imagination, gestation, poésie, incertitude.

XVIII
LA LUNE

XVIIII
LE SOLEIL

XVIIII LE SOLEIL

Le Dieu

MOTS CLÉS **clarification, émotion, générosité, amour inconditionnel**

LA CARTE DU SOLEIL RAYONNE DANS votre tirage. Elle apporte l'amour inconditionnel, la lumière, l'éclairage dont vous avez besoin. Tant que le Dieu Soleil est là, vous vous sentez protégé.e, réchauffé.e. Il est le complément de la Lune, la partie de votre être qui se trouve à la vue de tous. Il peut également être le signe qu'un élément caché doit être révélé.

Son flamboiement inonde tout, y compris la vérité. Cette carte invite donc à mettre en lumière, à clarifier, à trier.
Le Dieu, père de tous les êtres, est également un symbole de famille, de paternité, de foyer. Il peut être synonyme d'un amour chaleureux, absolu. Il n'est nullement question de passion ici, mais d'un amour qui protège et accepte.

Mots clés traditionnels : archétype masculin, construction, chaleur, amour, nouvelle vie, construction, fraternité / sororité, rayonner, enfance, réussite, évolution, clarification

XX LE JUGEMENT

Éther

MOTS CLÉS **libération, reconnaissance, régénération**

LE JUGEMENT INCARNE LA RÉSURRECTION, l'étape ultime avant l'arcane du Monde, avant d'atteindre la victoire totale, la tête vers le ciel, mais les pieds encore largement ancrés dans la terre. C'est une carte de mouvement, de passage du sombre à la lumière, d'un état à un autre.

Il est le renouveau, une naissance, ou une reconnaissance enfin acquise.

Il peut être le signe d'une nouvelle étape de vie, une résurrection au sein même de sa propre vie, comme l'on peut en créer autant de fois que l'on souhaite se transformer et se changer en un être meilleur, plus proche de nos aspirations profondes et de nos valeurs.

Ici, il est représenté par un univers profond et magique : l'éther. Lieu de tous les possibles, espace inconnu de l'Univers où les intentions se forment et s'accomplissent, où la magie acquiert et exerce son pouvoir. L'éther n'a ni début, ni fin, iel est comme l'état méditatif, iel est énergie à l'état pur. Iel est parfois considéré comme à la fois la réunion et la.e créateurice des quatre autres éléments. Iel est alors le

XX
LE JUGEMENT

cinquième élément utile à la pratique de la magie. Le sujet n'est pas de la.e comprendre ni de la.e voir, mais de ressentir que son existence fait déjà partie de nos vies, à partir du moment où on le souhaite.

Mots clés traditionnels : nouvelle conscience, désir, vocation, résurrection, renaissance, appel, transcendance, émergence, appel divin

XXI LE MONDE

la Déesse

MOTS CLÉS **victoire, achèvement, fin d'un cycle, perfection, autoréalisation**

LE MONDE EST L'ACHÈVEMENT VICTORIEUX d'un cycle. Il regroupe les éléments des quatre suites, l'Air, l'Eau, le Feu et la Terre, autour de la mandorle qui contient le personnage victorieux au centre du Monde. Ici, on retrouve la sorcière en apprentissage, qui partait vers son voyage spirituel sur la carte du Mât, ici à l'apogée de son chemin spirituel.

XXI
LE MONDE

La sorcière désormais accomplie a trouvé l'accès à ce que les non-initiés ne perçoivent pas. Elle se sent liée à la Déesse. Elle a trouvé du sens à sa pratique et sait utiliser les éléments et les déités pour mettre l'Univers au service de ses intentions, et ses intentions au service de l'Univers. Elle maîtrise ce qu'elle donne et ce qu'elle reçoit. La Déesse la protège et la guide. Elle lui permet de se sentir accomplie, en pleine conscience de son existence et du présent.

Le Monde est la fin d'un cycle heureux, victorieux, qui annonce une fin radieuse, un aboutissement complet.
Au milieu ou au début d'un tirage, il peut symboliser la fin d'un cycle, et donc un début, un retour au point de départ, qui souvent peut se révéler laborieux ou sombre. Tout est à réinventer dans ce nouveau cycle qui s'annonce. C'est à la sorcière d'envoyer son intention à l'Univers.

Mots clés traditionnels : résolution, plénitude, succès, sainteté, universalité, accomplissement, victoire totale

LES ARCANES MINEURS

Suite d'Air

1 d'Air · Fumigation

Mots clés : nouvelle idée, révélation, illumination
Envers : promesses non tenues, brouillard mental, se voiler la face

Une fois que votre espace est purifié, votre esprit suit le chemin que vous avez indiqué à son environnement : la fumigation, c'est repartir sur des bases saines, donner sa chance au renouveau, réénergiser l'esprit et les choses. De quoi laisser place à tous les possibles issus des pensées, des idées, mais aussi à l'éclaircissement du mental. L'air chargé peut également apporter un manque de visibilité, de discernement, le sentiment d'avancer à l'aveugle.

2 D'AIR · L'AUBE

Mots clés : indécision, blocage, compromis, être « sur le seuil de la caverne »
Envers : lucidité, décision évidente, bonne vision du monde

Métaphore de notre être, L'Aube met en exergue notre indécision, nos premiers pas dans une situation en demi-teintes, hésitant.e.s et porteur.euse.s d'une intention brute, qui demande à se révéler. Mi-ombre, mi-lumière, elle peut cacher un blocage ou peut avoir besoin de compromis pour s'exprimer. Elle manque encore de clarté, mais est pleine de promesses.

3 D'AIR · L'OUÏE

Mots clés : premières tentatives, premières réflexions face au Monde, tentative adolescente d'exprimer ses idées
Envers : peur de se révéler, tristesse, timidité, crise d'adolescence

L'Ouïe, sens lié à l'élément Air, est un appel à être entendu. Appel au monde avec le son, il ne peut être ignoré, même si parfois refusé. Il est ce premier pas vers l'extérieur dans votre projet, votre idée, un espoir pour celui qui émet, peut-être une bonne nouvelle, une découverte ou une agression pour celui qui le reçoit.

4 D'AIR · LUNE BLEUE

Mots clés : repos, temps pour soi
Envers : se mettre en mouvement, agitation, anxiété

La lune bleue est une pleine lune supplémentaire dans une année solaire. Elle représente ici une parenthèse, une occasion de plus d'être en lien avec la Déesse, de créer un rituel, ou simplement de contempler la lune. Un temps de repos, un temps pour soi, dans sa bulle, un espace à soi.

5 D'AIR · BOUGIES ROSES

Mots clés : malhonnêteté, trahison, action culottée
Envers : être pris la main dans le sac, sortie de crise, être timoré

Sur cet autel, les bougies ont fondu, se sont mélangées, et la plupart se sont étouffées les unes les autres. Il faut faire le tri pour découvrir celles qui brillent encore, car tout n'est pas totalement sombre, tout n'est pas non plus que lumière, il y a du positif et du négatif en tout. À nous de choisir si l'on veut s'enfoncer ou s'en sortir. À nous de réaliser qui ou quoi nous étouffe ou trahit notre confiance.

6 D'AIR · AMÉTHYSTE

Mots clés : quitter une situation difficile, progresser, résister
Envers : rester figer, revenir au point de départ

L'Améthyste favorise la clarté des pensées, l'équilibre, la sérénité, elle calme les tourments de l'esprit. Représentée ici brute, elle est comme une grotte sombre à explorer et traverser, afin d'atteindre la lumière au bout du tunnel.

Elle peut représenter un chemin de purification, ou les instants difficiles. On ignore ce qui se produit dans la lumière, mais l'important, c'est de traverser ses ombres, et de tailler son propre cristal intérieur.

7 D'AIR · TRÈFLE

Mots clés : malhonnêteté, sournoiserie, dissimulation
Envers : réparer une erreur, aide, chance

Dans la multitude de trèfles, plantes correspondant à l'élément Air, il est aisé de se dissimuler, de se faire passer pour ce que l'on n'est pas. Où sont les trèfles à trois feuilles, et ceux à quatre feuilles ? Toutes les plantes sont-elles des trèfles ? Saurez-vous tirer votre épingle du jeu en cueillant ceux qui portent chance, ou vous sentirez-vous trahi.e et victime d'une fausse promesse ?

8 D'AIR · LAVANDE

Mots clés : s'imposer des limites, se sentir paralysé.e
Envers : libération, émancipation

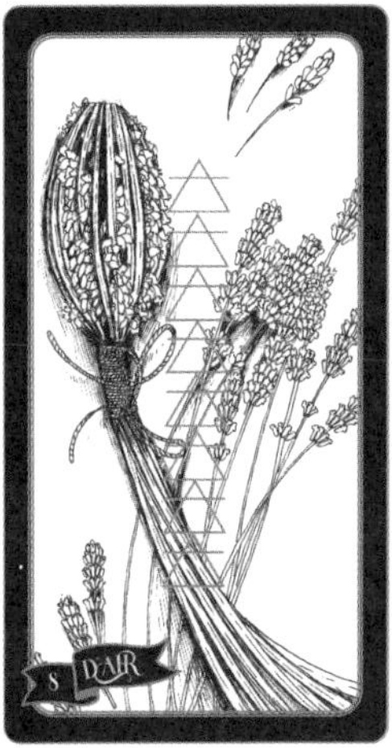

La lavande, plante liée à la protection, la purification, le renouveau, la récolte, est emprisonnée dans un fuseau qui l'empêche de s'exprimer. Le fuseau, composé de ses propres branches, symbolise le fait de s'imposer ses propres limites.

9 D'AIR · FLÛTE

Mots clés : inquiétude, désespoir, mental bloqué
Envers : guérison, soulagement, apaisement

La Flûte est obstruée par la lavande qui vient imposer ses limites au son, tout comme nous pouvons nous sentir bloqué.es là où la vie devrait s'exprimer, se répandre, et atteindre les autres.

10 D'AIR · VÉNUS

Mots clés : en avoir plein le dos, échec, épreuve ultime avant d'atteindre un niveau supérieur de sa vie
Envers : redémarrer à zéro, renaissance, guérison

Le 10 d'Air est en général une carte qui indique qu'il est temps de passer à autre chose, que l'avenir ou que notre énergie est bloqué.e. Vénus nous invite au voyage, à dépasser les limites de notre mental pour s'inviter dans le domaine des émotions. Liée à la déesse Inanna, on peut penser à cette faculté d'inverser les opposés, d'aller au-delà de ses limites, de renverser l'ordre des choses qui ne nous convient plus, partir loin de ce qui nous écrase mentalement.

VALET D'AIR · ENCENS D'IRIS

Mots clés : idées innovantes, curiosité intellectuelle
Envers : lâcheté, blocage intellectuel, aveuglement

La fumigation, comme les idées, voyage, se propage, atteint les élu.e.s qu'elle a choisi.e.s. Ainsi, l'encens d'iris, encens lié à

l'élément Air, est un booster intellectuel pour celui qui comprend, qui capture l'idée, la fait sienne, lui accorde de l'importance, la développe. Le valet est une carte de jeunesse, ainsi, il laissera peut-être échapper l'opportunité qui se présente à lui.

REINE D'AIR · CHOUETTE

Mots clés : intelligence, logique, éloquence, trancher, décisions
Envers : ragots, jugement, manque de discernement, paresse d'esprit

Majestueuse et droite, la Reine d'Air est sage, fière, mais également prête à trancher ce qui doit être mis sous le coup d'une décision ! Elle est accompagnée par son animal de nuit, la chouette, rappelant Athéna, déesse de la sagesse, de l'intelligence et de l'éloquence. Dotée de ces qualités qui peuvent faire croire à une carte passive, la Reine d'Air n'est pas pour autant dépourvue d'un tempérament vif, acéré et entier.

Roi d'Air · Plumes

Mots clés : intelligence, vivacité d'esprit, décisionnaire
Envers : impitoyable, tranchant, mauvaise langue

Le Roi d'Air est le représentant de la sagesse, du mental dans ce qu'il a d'absolu et d'éclairé. Capable de s'élever au plus haut, il peut également se perdre parfois dans la profondeur de sa pensée pour nous entraîner dans les recoins les plus sombres de notre réflexion, celle qui vise à faire du mal à autrui par les mots et les raisonnements mal intentionnés.

Cavalier d'Air · Constellations du Gémeaux, de la Balance et du Verseau

Mots clés : se faire entendre, s'imposer

Envers : blesser par les mots, se venger

Le Cavalier d'Air est placé sous les constellations de son élément : le Gémeaux, la Balance et le Verseau. Ces constellations sont celles des signes astrologiques de l'éloquence, de l'expression de son intellect, de son mental, de la communication. Le cavalier est celui qui part à la chasse aux idées, en trouve, en ramène, en disperse aussi. Il a tendance à s'éparpiller ou à utiliser son éloquence, ses idées ou sa facilité à communiquer à mauvais escient.

SUITE D'EAU

1 D'EAU · ÉLÉMENT EAU

Mots clés : nouvel amour, nouvel élan, émotion pure
Envers : blocage émotionnel, déception amoureuse ou amicale

Dans cet arcane, l'eau s'exprime dans ce qu'elle a de plus pur. Elle entraîne tout avec elle : l'As est la carte de tous les possibles, de toutes les espérances. Elle se déverse dans un flux plus grand. L'Eau est l'élément de l'émotion, c'est donc dans ce domaine que les choses se mettent en place, s'ouvrent pour le consultant.

2 D'EAU · CRÉPUSCULE

Mots clés : collaboration, amitié, guérison émotionnelle
Envers : séparation, relation toxique

Le crépuscule est un entre-deux temps, un nouveau départ, une association entre ombre et lumière qui donne un moment magnifique. Il représente vos amours, vos amitiés, les personnes avec lesquelles vous vous sentez bien et porteuses de bienveillance dans votre vie. Ces relations vous apportent de la douceur de vivre, sans que vous vous sentiez envahi.e par elles.

3 D'EAU · LE GOÛT

Mots clés : fête, célébration, soutien
Envers : solitude, fadeur

Le goût est le sens lié à l'élément Eau. Il est l'un des marqueurs de la fête, de la joie de vivre ensemble, du partage. Sans lui, la vie vous paraît sans saveur. En lisant cet arcane, pensez à la joie de vos papilles lors d'un festin pour ressentir l'amitié et le soutien qu'exprime le 3 d'Eau.

4 D'EAU · DERNIER QUARTIER DE LUNE

Mots clés : ennui, stagnation, retrait
Envers : regain d'enthousiasme, opportunité

Comme ce dernier quartier de lune, le 4 d'Eau est une carte en demi-teinte : ni passive ni active, qui se reflète dans une eau calme, sans trouble, sans vague, sans rien pour la perturber mais rien non plus pour l'égayer. C'est une carte d'équilibre, mais pas de perfection, elle peut donc être le reflet d'un certain ennui, d'une stagnation, ou simplement d'une mise à l'écart de la vie sociale.

5 D'EAU · BOUGIE INDIGO

Mots clés : déception, regrets, perte, deuil
Envers : pardonner, aller de l'avant

Cette carte paraît idyllique, au coin d'une belle cheminée accueillante. Pourtant, elle invite à prendre du recul. La cheminée est condamnée, aucun feu n'y brûlera plus. La flamme des bougies est vacillante, parfois invisible, au creux du bloc de cire qui peut finir par l'étouffer. La cire commence à s'écouler sans contrôle, comme pour expulser ce qui a besoin d'être éliminé : le temps du deuil, du retour vers le passé, d'un regret, jusqu'à ce que la flamme soit prête à se montrer à nouveau au monde, et briller aux yeux de tous.

6 D'EAU · AIGUE MARINE

Mots clés : nostalgie, romantisme, douceur, contemplation de la beauté
Envers : poids du passé, remords, regrets

L'aigue marine brute, exacerbant sentiments et émotions, pierre de l'équilibre et de la beauté, non aboutie, tend vers l'idéalisation du sujet de vos pensées. Montée en bague, elle est retenue vers la terre, vers l'immobilisme, un socle qui ne tendra jamais vers un niveau supérieur. Sa splendeur représente vos espoirs, son socle les vapeurs incertaines de votre passé.

7 D'EAU · THYM

Mots clés : illusion, surcharge émotionnelle, tentation
Envers : clarification émotionnelle, maîtrise

À trop vouloir en faire, on peut se brouiller soi-même l'esprit. Le temps est venu de clarifier les choses, de faire la part du vrai et du faux, de lever le voile de l'illusion qui s'offre à votre regard.

8 D'EAU · LOTUS

Mots clés : avancer, passer à autre chose, complétude émotionnelle
Envers : se sentir coincé, désespoir

Le lotus, fleur de la transformation, de l'harmonie, de la renaissance, des émotions, est entouré dans une parfaite symétrie par les mudras équilibre, eau, purification. Le 8 d'Eau est une carte d'équilibre parfait des émotions, mais aussi le signe qu'il est temps de passer à autre chose, au mental, à l'importance de la spiritualité.

9 D'EAU · CHAUDRON

Mots clés : confort émotionnel, zone de confort
Envers : se laisser aller, avidité, comportement toxique

Le Chaudron est l'outil magique de la réalisation du sort et du rituel. Il est le symbole de la réussite d'une pratique particulière et personnelle, celle avec laquelle on se sent en confiance, en sécurité et confortable. Il représente la sécurité émotionnelle au sein de son propre système magique, sa zone de confort.

10 D'EAU · MERCURE

Mots clés : harmonie, bonheur, sécurité émotionnelle
Envers : tension familiale, rupture, dépression

Mercure, planète la plus proche du soleil, représente un espace rassurant, chaleureux comme un foyer. Elle apporte le sentiment d'être entouré.e, d'avoir une vie sociale riche, d'être dans le partage.

VALET D'EAU · ENCENS D'ORCHIDÉE

Mots clés : tentation amoureuse, nouvelle émotion, éveil
Envers : immaturité émotionnelle, choix toxiques

Comme le Valet d'Eau, l'orchidée a des vertus attirant l'amour et l'harmonie. Tel une fleur qui éclot, le Valet d'Eau est encore dans l'hésitation de la jeunesse. Il s'ouvre aux sentiments et à l'amour, se pose des questions sur lui-même et sur les sentiments des autres. Ses sens sont en éveil.

REINE D'EAU · CYGNE

Mots clés : empathie, sensibilité intuitive, protection
Envers : débordement émotionnel, lunatique, hypersensibilité

Flottant sur les eaux grâce au cygne, animal de la beauté, l'émotion, l'amour et l'intuition, la Reine d'Eau, dotée des mêmes qualités que sa monture, est le symbole de l'empathie, de l'émotion à l'état pur. Elle peut être, comme l'eau, limpide, calme et douce, ou troublée, opaque et capable de vous engloutir. Elle est toute à son intuition et ses émotions, parfois débordantes.

Roi d'Eau · Coquillages

Mots clés : générosité, confiance, sérénité
Envers : comportement abusif, manipulation, malhonnêteté

Comme tout monarque, le Roi d'Eau est le personnage de l'abondance, en l'occurrence celle des émotions, comme son élément Eau. Fruit de l'écume, il évolue dans une corne d'abondance débordant de coquillages, signes de son empathie, sa générosité, sa confiance en son entourage et ses relations sociales. Le Roi d'Eau est une situation ou une personne en lesquelles on peut avoir confiance.

CAVALIER D'EAU · CONSTELLATIONS DU POISSON, DU CANCER ET DU SCORPION

Mots clés : prince.sse charmant.e, romantisme, mouvement
Envers : immaturité, jalousie

Le Cavalier d'Eau est placé sous les constellations de ses éléments : le Poisson, le Cancer et le Scorpion. Il vous montre la voie, le chemin vers un ailleurs plus doux. Ce chemin peut également vous inviter à faire face à la vérité, que l'on peut parfois sciemment refuser de voir. À vous de prendre le meilleur de ces personnalités zodiacales : intuition, imagination, empathie. Ou bien le pire : hypersensibilité, chaos, sournoiserie.

Suite de Feu

1 de Feu · Élément Feu

Mots clés : vitalité, naissance créative, explosion sexuelle, renouveau positif
Envers : manque de motivation, de préparation, blocage sexuel

L'élément Feu exprime, dans sa forme la plus brute, l'énergie, la force créatrice, mais aussi la passion, l'énergie sexuelle. Le feu peut être intérieur. Il peut également évoquer une influence motivante ou dévorante. Il peut être votre propre vitalité aussi bien que votre besoin de vous exprimer, de dévoiler ce qui vous habite.

2 DE FEU · MIDI

Mots clés : choisir sa voie, planification, construction d'un projet
Envers : peur de l'inconnu, incapacité à trouver sa voie

Midi est le moment de la journée lié aux intentions de force, de volonté, d'attirer les choses à soi en faisant preuve de détermination. En 2 de Feu, Midi magnifie les décisions fortes liées à vos projets, vos créations, leur planification et, de manière générale, leur élaboration mentale.

3 DE FEU · LA VUE

Mots clés : expansion, premiers pas, expérimentation créative
Envers : obstacles, se limiter

Le 3 de Feu est la carte des premiers pas, des tests adolescents de la vie, sans contrôle, emprunts d'enthousiasme. Imaginez observer le monde avec ce premier sens de la vue et avoir envie soudainement de tout découvrir, d'en voir toujours plus. Les multiples yeux symbolisent toutefois que c'est à nous de décider ce que l'on regarde et de la manière dont on le fait, que nos sens se dirigent vers le Monde, ou vers notre intériorité. La manière dont on veut explorer le monde, la façon dont on veut l'envahir de notre regard et de nos assiduités restera toujours personnelle et unique.

4 DE FEU · DERNIER CROISSANT DE LUNE

Mots clés : harmonie, célébration, amitié
Envers : réserve, manque d'ouverture, solitude

La lune décroissante, et particulièrement ici le dernier croissant de lune, est propice pour laisser partir, lâcher prise, abandonner, commencer une transformation. Comme la lune, rien n'est immuable. Notre vie est sans cesse amenée à changer. Il en est de même pour tous, et quelles que soient nos phases, nous traversons tous les mêmes chemins, évoluons côte à côte, nous croisons, nous rencontrons, faisons route ensemble, et célébrons ces moments de partage et de soutien qui forment un grand tout.

5 de Feu · Bougies blanches

Mots clés : rivalité, conflit, affrontement, challenge
Envers : harmonie, résolution

Dans le rôle qui leur incombe à tous, certains cierges continuent de brûler, d'autres se sont éteints. Certains sont à terre et ne trouvent plus leur utilité. Le 5 de Feu vous demande où vous vous situez dans le conflit ou la confrontation que vous traversez.

6 de Feu · Pyrite

Mots : victoire, triomphe, reconnaissance, respect, confiance en soi dans ce que l'on entreprend
Envers : égoïsme, humiliation, révélation du négatif, manque de confiance en soi

La Pyrite, pierre de feu, est une pierre qui renforce la concentration, le mental, la créativité. Elle peut se présenter comme un roc, mais, éclatée, paraît d'or, flamboyante. Elle impose ici sa présence majestueuse, réclamant les éloges qui lui sont dus. Elle prend toute la place au centre de l'Univers. Elle vous inspire confiance en vous-même et une créativité éclatante.

7 DE FEU · MENTHE ET POIVRE

Mots clés : lutter contre l'adversité, défendre son point de vue, faire front
Envers : abandonner, manque de motivation, pensée molle

Ces deux plantes liées à l'élément Feu symbolisent la difficulté rencontrée au cours de la vie, les choses simples qui parfois s'emmêlent et se mélangent, la lutte pour atteindre en premier son but, en grandissant ou en exprimant sa force, son goût. Le 7 de Feu est une carte d'expression puissante et d'adversité.

8 DE FEU · EUCALYPTUS ET HIBISCUS

Mots clés : changement rapide, vitesse, voyage, perfection du domaine créatif
Envers : arrêt brutal, faire marche arrière, panne créative

L'eucalyptus, lien entre terre et monde spirituel, utilisé pour l'inspiration, l'énergie, le progrès, pousse toujours plus haut, vers le but à atteindre. Il semble s'étirer dans des lignes sans fin, inviter à l'ailleurs, au voyage, à la curiosité et l'atteinte d'un objectif représenté par la beauté des hibiscus, fleurs du désir, expressions parfaites de la suite de Feu. Le 8 de Feu est l'explosion de votre créativité, de votre désir ou accomplissement sexuel, sa floraison atteignant son apogée. Elle est la carte d'accomplissement ultime, de résultat avant d'explorer un nouveau domaine de votre vie.

9 DE FEU · LA BAGUETTE MAGIQUE

Mots clés : se borner, continuer sur sa lancée, avancer coûte que coûte
Envers : voir au-delà des apparences, ouvrir son esprit, passer à autre chose

La baguette magique peut être perçue comme une fin en soi, ou le moyen ultime d'atteindre son but et de donner corps à ses intentions. Mais elle n'est qu'un élément du chemin. Elle canalise. Utilisez-la pour ouvrir votre esprit plutôt

que comme l'expression limitée et finie de vos désirs. Le 9 de Feu c'est également être borné, se mettre des œillères, ou inviter à voir au-delà des apparences, faire preuve d'imagination.

10 DE FEU · MARS

Mots clés : responsabilités, voir rouge, en avoir plein le dos
Envers : se libérer d'un poids, faire une pause salvatrice

Cette carte est un avertissement, une invitation à lâcher prise et à passer à autre chose. Elle marque une impression de surplus de responsabilités ou de tâches, une charge émotionnelle ou mentale trop forte. Vous vous sentez submergé.e et prêt.e à abandonner face à l'ampleur de ce qui vous attend. Mars exalte en vous ce qui ne demande qu'à exploser. Il est temps de voir plus loin, de passer à autre chose.

VALET DE FEU · ENCENS DE MANDRAGORE

Mots clés : énergie créative, enthousiasme maladroit, insouciance de la jeunesse
Envers : pessimisme, peur de se révéler, pensées limitantes

Comme tout valet, le Valet de Feu se situe dans un entre-deux, il est en pleine éclosion. Nous trouvons ici le plus exalté, le plus ardent, le plus engagé des valets. Il vit de passion, de créativité, ne se soucie pas des conséquences. Il se dévoile sans peur, tout en conservant la pudeur de sa jeunesse. Il préserve farouchement son âme d'enfant.

REINE DE FEU · SERPENT

Mots clés : passion, détermination, créativité
Envers : colère, méchanceté, vengeance aveugle

La Reine de Feu est puissante, déterminée, elle tente de vous dominer ou de dominer ce qui l'entoure, de modeler à son image, à sa pensée. Elle est une source créatrice née directement de la puissance du feu. Le serpent qui l'enserre sans l'oppresser, dompté, est l'énergie première de la vie, lien avec la terre. Ils sont ensemble passion et force de vie, mais peuvent aussi étouffer et tuer.

ROI DE FEU · CHARBON

Mots clés : détermination, maîtrise, passion
Envers : arrogance, mépris, théâtralité

Le Roi de Feu est une carte toute en puissance créative, en confiance en ses propres capacités à créer son Monde de toutes pièces, en expression ardente pour motiver les foules. Il peut paraître sans limites, comme constitué uniquement de son feu intérieur et de son énergie évocatrice. Il peut cependant, au sein de cette passion dévorante qui le consume, se montrer arrogant, méprisant, empreint de sa propre importance, conscient de pouvoir déplacer des montagnes.

Cavalier de Feu · Constellations du Bélier, du Lion et du Sagittaire

Mots clés : passion, désir, motivation, dynamisme, aventure, personne qui ose, qui se met en avant
Envers : énergie mal canalisée, mauvais résultat, problèmes de libido, beaucoup de bruit pour rien

Le Cavalier de Feu est placé sous les constellations de ses éléments : le Bélier, le Lion et le Sagittaire. Il est celui qui vous motive pour rejoindre vos désirs, vos passions, le feu qui s'anime à l'intérieur de vous et désire s'exprimer. Il vous pousse à vous diriger vers d'autres horizons, à agir, voyager, écouter ou trouver votre motivation. Il fait sortir votre vérité des profondeurs de votre être. Parfois, il peut surtout faire beaucoup de bruit pour rien. Cela dépend si vous décidez d'enfourcher la monture, ou de rester là où vous vous trouvez.

Suite de Terre

As de Terre · Plantes

Mots clés : opportunité financière, espoir d'abondance, santé
Envers : faiblesse, avidité, idées reçues sur l'abondance

La Terre est le symbole ultime de tous les possibles : elle donne naissance à tous les êtres, on y plante de simples graines et il en naît des arbres majestueux, des herbes et des fleurs aux vertus et à la beauté incommensurables. La Terre est source de vie, source de croissance, d'expansion. Comme un écho, l'As de Terre reflète l'abondance, la floraison, la croissance, et plus concrètement, les opportunités matérielles.

2 DE TERRE · NUIT

Mots clés : équilibre des ressources, faire de son mieux, avoir besoin d'un coup de main
Envers : déséquilibre, se sentir dépassé, paresse

La Nuit, moment de la journée lié à l'élément Terre, est cet instant des imprévus, du rééquilibrage, l'obscurité dans laquelle on ne voit pas forcément venir les événements. Le 2 de Terre est ainsi la carte de l'équilibre des ressources matérielles, du tâtonnement, où l'on fait de son mieux mais où l'on peut facilement se sentir dépassé.e, submergé.e, sans comprendre pourquoi.

3 DE TERRE · LE TOUCHER

Mots clés : collaboration, esprit d'équipe, enthousiasme maladroit
Envers : rattraper les erreurs des autres, intrigues, rejet d'aide

Le toucher, sens lié à l'élément Terre, montre qu'avec un seul sens on peut devenir multiple. Le toucher se vit avec l'ensemble du corps. On rencontre d'autres corps, d'autres matières, une autre vie qui nous complète. Le 3 de Terre reflète cette démultiplication de la pensée et de la connaissance par le contact, la collaboration.

4 DE TERRE · LUNE GIBBEUSE CROISSANTE

Mots clés : rétention, ne pas voir plus loin que le bout de son nez, préserver ses acquis
Envers : lâcher prise, se projeter, se montrer prodigue

Ici, la lune paraît pleine mais ne l'est pas encore tout à fait. La gibbeuse croissante est la phase de la lune propice, entre autres, à attirer les choses vers soi, à demander à l'Univers, à partir en quête d'abondance. On a terminé de planifier son ascension, le 4 de Terre est alors le temps de rétention avant de se donner au Monde, d'entamer son chemin vers l'équilibre complet, vers l'abondance et la prospérité. Cet arcane marque une peur de lâcher ce qui est acquis, d'aller voir plus loin, de sortir de sa zone de confort.

5 DE TERRE · BOUGIE OR

Mots clés : mouvement maladroit voire négatif vers la prospérité, mettre tous ses œufs dans le même panier, frugalité subie
Envers : stabilité, fin des difficultés

Le 5 de Terre marque une perte, un moment de pauvreté ou de frugalité dans sa vie matérielle ou physique. Il est symbolisé par cette unique bougie dont la lumière vibre tant bien que mal au sommet d'un autel artificiellement élevé, mais dénué d'intention et d'autres outils, peut-être par manque de possibilités. Sa base mérite d'être renforcée.

6 DE TERRE · MALACHITE

Mots clés : partage, don, expansion
Envers : avarice, manque de partage, égoïsme

Le mandala de malachite exprime deux idées : l'harmonie, par sa forme et sa répétition, et l'expansion, par ses pierres qui se dirigent vers l'extérieur comme les rayons d'un soleil. La malachite est une pierre aux vertus de partage, de prospérité, d'abondance, de don. Le 6 de Terre est la carte de ce partage, de l'expansion, elle est tournée vers l'autre dans ce qu'il vit de matériel, de concret.

7 DE TERRE · SAUGE

Mots clés : efforts, labeur, discipline
Envers : paresse, mauvais investissement

La sauge, couramment utilisée pour la purification et dans les rituels magiques, demande une préparation qui se fait avec du temps, et de la patience : d'abord elle pousse dans le jardin, elle est coupée fraîche. On la fait sécher et on la bride dans un bâton de fumigation, avec soin. Enfin, elle peut répandre ses bienfaits par la fumée qu'elle dégage. Le 7 de Terre est comme le temps, la patience et le soin donnés à la sauge. Les choses ne se font pas toutes seules, ni par les autres lorsque l'on veut qu'elles soient faites comme on le souhaite.

8 DE TERRE · CHÈVREFEUILLE

Mots clés : productivité, travail, compétence
Envers : perte de motivation, frustration, abandon

Tout travail porte ses fruits. Comme la graine de chèvrefeuille qui pousse et s'épanouit afin d'offrir la plante qui symbolise l'apprentissage, l'argent, les compétences, la prospérité. Cette carte peut vous parler de ce temps de travail qui mène à un aboutissement, comme de l'aboutissement en lui-même et de ce que vous en ferez.

9 DE TERRE · PENTACLE

Mots clés : sécurité, abondance, pleine santé
Envers : peur de tout perdre, peur d'être « du mauvais côté »

Le 9 de Terre, carte de l'abondance, de la santé, de l'aboutissement matériel, est représenté par ce pentacle fabriqué par la sorcière elle-même, dans un rituel abouti qui lui est propre, entouré de ses outils personnels. Elle a pris connaissance de ses besoins, de ses envies dans ses rituels magiques. Elle a construit son propre univers autour d'elle, son petit monde qui la protège et dans lequel elle se sent en sécurité.

10 DE TERRE · TERRE

Mots clés : possessions, transmission, étape supérieure
Envers : dilapidation, gâchis, s'ancrer dans le passé

La Terre, planète de l'ancrage et du foyer, symbolise l'aboutissement de l'élément Terre : la Terre complète, globale, à la fois reflet de Gaïa et d'Isis, prête pour la récolte, prête pour votre propre récolte. Non seulement le 10 de Terre est l'arcane de la prospérité, mais il va encore au-delà de cette abondance : il permet de transmettre, il conforte la finalité de ce que l'on a construit, il peut aussi révéler notre pleine santé. Bien ancré dans la terre, l'esprit est prêt à s'élever, à reconnaître d'autres considérations, comme la spiritualité et le travail mental qui peuvent enfin entrer dans sa vie. Toutefois, l'abondance peut engendrer l'accumulation et la pollution de notre vie, ne nous permettant plus de reconnaître ce qui nous est réellement précieux.

VALET DE TERRE · ENCENS DE JASMIN

Mots clés : nouveau projet, envie de se lancer, hésitation à entreprendre
Envers : déception liée aux finances, débutant, manque de détermination

Le Valet de Terre concentre toute son attention sur une pousse de jasmin, sans se rendre compte que la totalité du jasmin vient déjà à lui, en s'épanouissant, en fleurissant, en se répandant par la fumigation de son encens. Le Valet de

Terre nous montre cette jeunesse naïve qui ne voit encore le monde que par un biais étriqué, qu'il croit être la vérité. Il ne demande qu'à s'ouvrir au monde pour en découvrir toutes les richesses, entreprendre de nouveaux projets, exister.

Reine de Terre · Cerf

Mots clés : centré.e sur le foyer, matérialiste, recherche du confort et de la sécurité
Envers : déséquilibre foyer / travail ou intérieur / extérieur, peur du changement

Comme toute reine, la Reine de Terre est ancrée dans son élément, elle se confond presque avec lui. Le cerf est l'animal de la majesté, de la terre, de la forêt, qui attire abondance et connaissance. La Reine de Terre est ce personnage ancré dans son foyer, dans un confort matériel qu'elle n'est pas prête à quitter. C'est elle qui gère, qui compte, qui construit. Elle est la mère, celle qui occupe la zone de « l'intérieur », cachée du monde. Elle peut aussi être celle qui s'agrippe à sa zone de confort, réfractaire au changement qui peut parfois se présenter dans la vie, même s'il représente une opportunité.

Roi de Terre · Chêne

Mots clés : abondance, richesse ostentatoire, pouvoir
Envers : emprise sur les autres, attitude autoritaire, avarice

Le Roi de Terre est la carte de l'abondance dans ce qu'elle peut représenter du pouvoir, de la richesse ostentatoire, parfois du mépris envers les autres. La richesse du Roi de Terre peut le couper du reste du monde, comme elle peut le pousser à la plus grande générosité. Il est ancré dans son élément, mais voit déjà plus loin, au-delà de ses limites. Il est celui qui entreprend et met ce qu'il faut en place pour construire ce qu'il a imaginé. Le monde matériel n'est pas une limite.

CAVALIER DE TERRE · CONSTELLATIONS DU TAUREAU, DE LA VIERGE ET DU CAPRICORNE

Mots clés : esprit pratique, méthodique, mouvement
Envers : immaturité, entêtement

Le Cavalier de Terre est placé sous les constellations de ses éléments : le Taureau, la Vierge et le Capricorne. Il est d'une logique implacable, méthodique, il vous invite au planning, à la logistique, il n'aime pas laisser de place à l'improvisation. Il peut aussi vous rappeler à l'ordre, ou vous demander de faire preuve de souplesse. Il va jusqu'au bout de son entreprise et ne recule devant rien. Bien qu'assez borné, il peut montrer stabilité, persévérance et calme aussi bien que marasme, mépris, résistance au changement et perfectionnisme.

PROCÉDER AU TIRAGE

COMMENT PRÉPARER MES CARTES

J'AI POUR HABITUDE DE NE JAMAIS trier mes cartes, mais vous pouvez le faire pour le plaisir, ou pour les remettre dans le même sens de temps en temps.

Trouvez une routine qui vous met à l'aise pour :

- Mélanger votre jeu (comme pour jouer aux cartes classiques, en les étalant sur une table, ou autre. Vous décidez.)
- Poser une question à votre jeu. Pour ma part, je lui pose la question mentalement en battant les cartes un nombre de fois précis.
- Tirer les cartes. J'aime prendre les premières cartes au-dessus du paquet après avoir coupé. Vous pouvez étaler vos cartes et les piocher au hasard. Tentez plein de manières différentes et choisissez celle avec laquelle vous êtes la.e plus à l'aise. Idem pour ce qui est de couper, ou non, après avoir battu les cartes.

Idéalement, choisissez quel type de tirage vous allez effectuer avant de tirer les cartes.
C'est vous qui créez vos règles avec votre jeu. Plus vous l'utiliserez, plus vous vous l'approprierez et serez à l'aise avec lui.

LES CARTES À L'ENVERS

Comme dit précédemment, vous pouvez, ou non, prendre en compte les cartes tirées à l'envers.
Si vous ne les prenez pas en compte : évitez de nier la signification négative de certaines cartes. Parfois, on sait que c'est ce que nous raconte l'arcane. Le tarot est aussi là pour nous faire sortir de notre zone de confort, donc acceptez le message de la lame, lorsque vous sentez que c'est le sens inversé qui doit être pris en compte. Ne remettez pas les cartes à l'endroit seulement pour avoir un tirage positif. D'ailleurs, certaines cartes ont, à la base, une signification négative. Ne les repoussez pas, elles sont là pour vous apprendre quelque chose que vous refusez de voir ou de savoir.

Si vous les prenez en compte : le sens inversé des arcanes mineurs est indiqué dans le livret, dans la tradition du Rider Waite. Mais pas celui des majeurs, plus complexe, que vous devrez apprendre à inverser. Souvent, leur sens est si global, qu'il n'y a pas de différence majeure entre envers et endroit. Pensez à vous référer au schéma que forment les cartes entre elles (voir ci-dessous).

LE SCHÉMA DES CARTES

Dans le Tarot de la sorcière, ainsi que dans d'autres jeux de ce type, les cartes illustrées donnent des indications sur leur signification, racontent une histoire. Mais elles racontent également une histoire en dehors de la lame. Lors d'un tirage, les cartes sont posées les unes à côté des autres, les unes au-dessus des autres, en biais, à l'écart, etc. Regardez chaque carte individuellement, mais regardez également le schéma global : les cartes se répondent-elles entre elles ? Les visages se regardent-ils ? Un personnage donne-t-il l'impression de tomber dans un paysage présent dans une autre carte ? Vous pouvez prendre en compte toutes ces « histoires annexes » pour compléter votre interprétation.

C'est à ce moment qu'il sera intéressant de conserver telles quelles les cartes tirées à l'envers : le schéma sera différent à l'envers et à l'endroit. Soyez attentifs à ces schémas.

EXEMPLES DE TIRAGES

TIRAGE À UNE CARTE

Une carte peut déjà donner une réponse à votre question, qu'elle soit introspective ou divinatoire.

Exemple :

QUESTION : Sur quoi devrais-je travailler ce mois-ci pour me sentir mieux ?

TIRAGE :

La Justice

RÉPONSE : Retrouver de l'équilibre dans votre vie. Reprendre les choses de façon pragmatique, peser les pour et les contre, rééquilibrer au choix ses relations, son alimentation, son rythme de vie, etc.

Si la carte n'est pas assez claire pour vous, tirez-en une deuxième comme si elle apportait un complément d'information. Laissez ce complément d'information vous donner la réponse, inutile de tirer cinq ou dix cartes, surtout si vous débutez.

TIRAGE À TROIS CARTES

Le tirage à trois cartes représente classiquement le tirage « passé, présent, futur ». Mais vous pouvez également le lire comme une phrase, grâce à votre « alphabet » qui va se dessiner peu à peu. À l'instar du tirage à une carte, vos trois cartes vont proposer une réponse à votre question, ou à la question de votre interlocuteur, en trois temps. Le schéma passé, présent, futur se dessine souvent, mais les cartes interagissent fréquemment entre elles pour créer un message unique, comme une phrase. Vous pouvez également tenir compte de l'interaction des illustrations entre elles, comme je l'explique plus précisément dans la partie « La position des cartes dans un schéma de tirage ».

Exemple :
QUESTION : Sur quoi devrais-je travailler ce mois-ci pour me sentir mieux ?

TIRAGE :

4 d'Eau + l'Étoile + 8 d'Air

RÉPONSE : **L'Étoile**, en tant qu'arcane majeur, représente un courant important de ma vie actuellement : j'ai besoin de trouver ma voie, de mettre en route un projet qui me touche particulièrement, d'y réfléchir, de faire germer cela intérieurement. La carte est bordée de deux autres cartes, qui viennent l'encadrer comme pour la mettre en sécurité. Deux pistes pour sécuriser cet élan important de ma vie : **le 4 d'Eau** implique une période calme, de repos voire de mise en retrait alors que **le 8 d'Air**, négatif en apparence, en imposant ses limites, peut indiquer simplement de se conforter un espace mental et/ou physique personnel pour réfléchir à l'orientation que je souhaite prendre, à mettre ce fameux projet ou chemin sur pied avant de le montrer au monde, de définir les limites de cet espace personnel (soit auprès de mon entourage, soit mentalement) et créer un espace et du temps pour chaque chose.

J'aime le tirage à trois cartes car il est simple et apporte souvent des réponses éclairées sans entrer dans des détails qui embrouillent l'esprit, comme les influences extérieures ou les possibilités futures. Il se concentre sur la question.

TIRAGE EN CROIX

Un autre tirage classique est le tirage en croix. Comme de nombreux autres tirages, il fait correspondre une carte à une question. Voici comment il propose de répondre à votre interrogation :

1- la carte qui vous représente
2- la problématique
3- les événements passés
4- la résultante

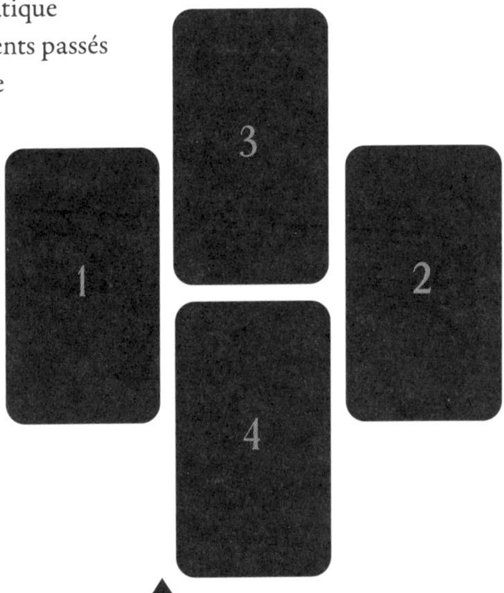

Exemple :

QUESTION : Sur quoi devrais-je travailler ce mois-ci pour me sentir mieux ?

TIRAGE :

Reine de Feu

4 d'Eau

5 de Feu

La Lune

RÉPONSE : La carte qui vous représente est **le 4 d'Eau** : vous êtes dans une période de stagnation, entre deux eaux, à ne plus bien savoir si votre reflet est la réalité ou non. Vous êtes perdu. Une carte négative, **le 5 de Feu**, indique votre état global de laisser aller. La passion de **la Reine de Feu**, qui peut se montrer étouffante, représente ce qui a généré cet état dépressif : une relation toxique, un projet personnel trop prenant, ou votre propension à étouffer les autres, qui ont fini par vous rejeter ou dans laquelle vous ne vous reconnaissez plus. **La Lune** invite à une période introspective, pendant laquelle vous allez devoir creuser en vous-même pour trouver ce que vous n'arrivez pas à vous avouer. Il faut vous confronter à la réalité et arrêter de vivre dans un monde d'illusions.

Dans cet exemple, on retrouve le schéma « passé, présent, futur » glissé dans le tirage en croix.

Ce tirage est très simple à suivre si vous débutez ou que vous vous référez encore beaucoup au livret pour interpréter les cartes.

Le tirage de la sorcière

Voici le tirage de mon cru que je vous propose pour accompagner le Tarot de la sorcière. Ici aussi, chaque carte correspond à une question et le tirage dans son ensemble vous guidera dans vos interrogations. Posez les cartes à partir du bas de la pyramide, jusqu'en haut, dans l'ordre puis dans le sens de lecture qui correspond à votre main.

1 - ce qui est espéré
2 - ce qui doit être éliminé
3 - ce qui a besoin d'être pris en compte
4&5 - actions pour mettre en œuvre les 3 premiers points
6 - guidance extérieure

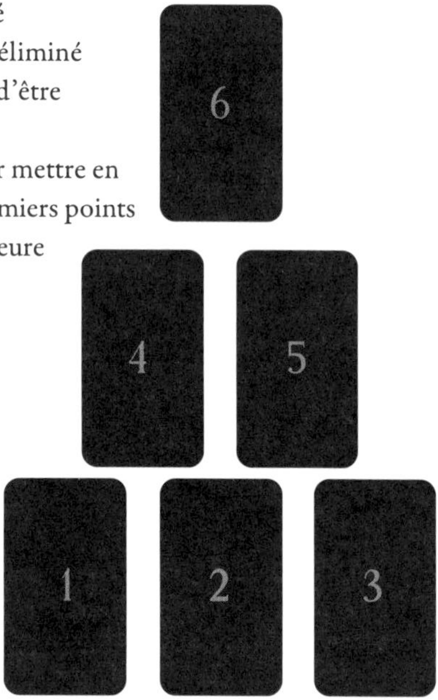

Exemple :

QUESTION : Sur quoi devrais-je travailler ce mois-ci pour me sentir mieux ?

TIRAGE :

Tempérance

7 d'Air

5 de Terre

L'Empereur

As d'Eau

L'Impératrice

Réponse :

Ce qui est espéré : **L'Empereur** invite à passer à l'étape supérieure, mettre en forme ses idées, se sentir suffisamment puissant.e pour concrétiser ses projets avec force et détermination.

Ce qui doit être éliminé : **L'As d'Eau** montre le laisser-aller à ses propres émotions, aux débordements, au manque de maîtrise émotionnelle. Il est temps de voir le monde à travers d'autres prismes. En multipliant les points de vue, on élargit son champ de vision et, de fait, son champ de possibilités de réactions et de solutions.

Ce qui a besoin d'être pris en compte : Votre besoin de créer, de donner de l'importance à votre univers intérieur, à ce qui vous rapproche de votre être profond est ici mis en exergue par **l'Impératrice.** Peut-être est-il temps d'écouter votre enfant intérieur, de le laisser agir à sa guise sans se soucier des conséquences.

Actions pour permettre de mettre en œuvre les 3 premiers points : **Le 7 d'Air** incite à faire le tri dans votre vie. Déter-

miner ce qui est toxique ou qui vous tire vers le bas, pour vous permettre de trouver les solutions qui s'imposent. Si vous avez envie de créer ou de réaliser vos projets, débarrassez-vous de ce qui vous cloue au sol, soit par la peur, soit par l'influence (entourage, schémas ancrés). Cela peut prendre un peu de temps, car c'est un travail de fond qui nécessite de lever quelques voiles et de regarder la vérité en face.
Le 5 de Terre vous invite à faire preuve de patience, ce qui fait écho au 7 d'Air. Lorsque l'on cherche à changer les choses ou à se transformer, une période de détérioration précède celle de l'amélioration. Trouvez un moyen de garder votre objectif bien en vue et acceptez l'adversité sur votre chemin.

Guidance extérieure : ne vous enfermez pas dans votre coquille pour arriver à vos fins, ou, au contraire, ne plongez pas dans l'action au détriment de votre santé ou de votre mental. **Tempérance** indique qu'il va falloir trouver une forme d'équilibre dans votre démarche de va et vient entre votre monde intérieur, votre besoin de changement, et la concrétisation de vos projets, ou de vos rapports aux autres.

Retrouvez le travail de Bérengère Demoncy
sur les réseaux sociaux :
beren_illustree

Je souhaite remercier Le Lotus et l'éléphant, ainsi que mon éditrice Séverine Corson-Schneider, de m'avoir donné l'opportunité d'écrire et illustrer ce tarot dans la liberté d'expression la plus totale, et de m'avoir laissée, sans aucune remise en question, utiliser l'écriture inclusive dans ce livret, me permettant ainsi de créer ce tarot en total accord avec mes valeurs.

Bérengère Demoncy

58, rue Jean Bleuzen – 92178 Vanves Cedex

Direction : Catherine Saunier-Talec
Responsable éditoriale : Lisa Grall
Responsable de projet : Séverine Corson-Schneider
Conception, illustrations et textes : Bérengère Demoncy
Relecture : Ariane De Bremaeker
Fabrication : Anne-Laure Soyez
Direction artistique, maquette : Bérengère Demoncy

Dépôt légal : septembre 2021
ISBN : 978-2-01-714163-1
11-7369-5/03

Imprimé en Chine par Leo Paper Products LTD